BIDEN
2024

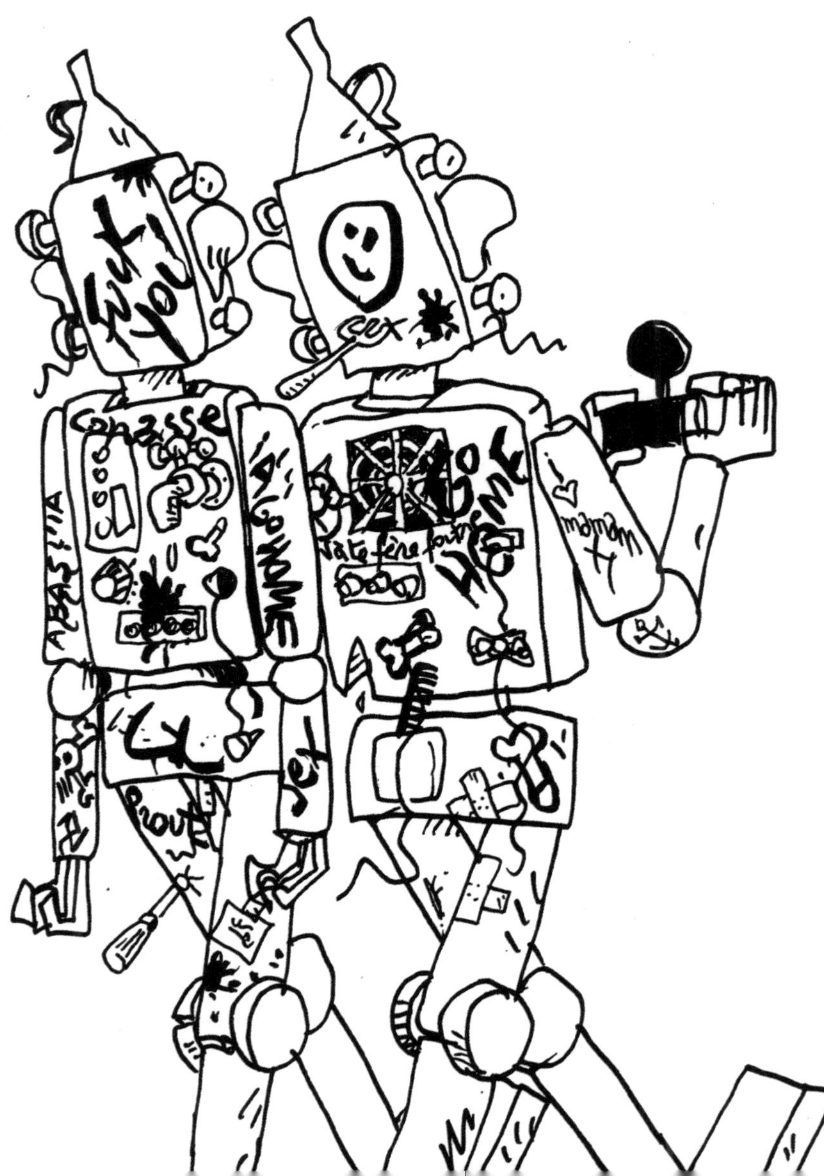
fuck you
Connasse
Va te faire foutre
maman
prout

« Il faut se méfier
des ingénieurs,
ça commence par
la machine à coudre,
ça finit par la bombe
atomique. »

Marcel Pagnol

IL Y EUT l'automne

À PART ÇA...
TU T'EN SORS, TOI, POUR PAYER TES FACTURES ?
NON
ET TOI ?
PAS DU TOUT

Le Soir \ 12.09.2022

Le Soir \ 16.09.2022

Xi JINPING & POUTINE
À SAMARCANDE
ET TU COMPTES ENVOYER QUELQUE CHOSE POUR LES FUNÉRAILLES À LONDRES ?
UN MISSILE
LOL
HAHAHA

À 11H30, ELLE PASSE DU HALL DE WESTMINSTER À L'ABBAYE
LA CÉRÉMONIE EST À 12H !
IL EST QUELLE HEURE ?
J'ENTENDS LES COUPS DE CANON
ELLE IRA JUSQUE HYDE PARK À 13H15
C'EST OÙ, HYDE PARK ?
ON A ENVOYÉ QUELQU'UN, NOUS ?
À 16H, ÇA RECOMMENCE À WINDSOR
ELLE SERA INHUMÉE À 20H30

Les funérailles de la reine Elizabeth II, après 70 ans de règne, sont un événement planétaire. Vladimir Poutine n'est pas invité. Xi Jinping n'y va pas.

Le Soir \ 19.09.2022

POURRA-T-IL FAIRE AUSSI BIEN QUE SA MERE ?
J'ESSAYERAI
Knol

THE CROWN
CHARLES, VIENS DORMIR. TU M'AS DIT QUE TOUT ÉTAIT FAUX
ATTENDS ...
C'EST LA SCÈNE OÙ MA MÈRE SCIE LE CÂBLE DE FREIN DE LA VOITURE DE DIANA

Sur Netflix sort la saison 5 de la série *The Crown* qui raconte la famille royale et lui déplaît beaucoup par les libertés prises pour la scénariser.

Ciné-Télé-Revue \ 11.2022

VOUS COMPTEZ RESTER UN PEU ?

LE RETOUR DE BORIS ?
MAMAN, FAIS QUELQUE CHOSE !

Quel nouveau Premier ministre pour remplacer Liz Truss restée à peine un peu plus d'un mois ? Ce sera Rishi Sunak.

Le Soir \ 26.10.2022

Les femmes iraniennes osent
protester comme jamais.
La contestation du pouvoir
des mollahs est sans précédent.
Elle sera très sévèrement réprimée.

Ciné-Télé-Revue \ 10.2022

IL A MÊME DES DRONES DE CHEZ NOUS

TRES SYMPAS, VOS DRONES !
SI JE PEUX VOUS AIDER À MATER VOS JEUNES EXCITÉES, N'HÉSITEZ PAS
ÇA TUE DES CIVILS À MERVEILLE

L'Iran et la Russie intensifient leur coopération militaire.

Le Soir \ 18.10.2022

À 22 ans, Remco Evenepoel remporte le championnat du monde de cyclisme.

Le Soir \ 03.10.2022

QUAND LA BELGIQUE EXISTE...
REMCO
REMCO
REMCO
REMCO
REMCO
REMCO
MAINTENANT IL VA GAGNER LE TOUR DE FRANCE
LA COUPE DU MONDE AU QATAR
FAIRE BAISSER LE PRIX DU GAZ

#Metoo A 5 ANS
HARVEY WEINSTEIN
PATRICK POIVRE D'ARVOR
NICOLAS HULOT
TARIQ RAMADAN
ET C'EST PAS FINI
C'EST EPUISANT
MERCI MAMAN

LES NOUVEAUX RYTHMES SCOLAIRES
DEUX SEMAINES DE CONGÉ À LA TOUSSAINT AU LIEU D'UNE
TU VAS POUVOIR RANGER TA CHAMBRE
DEUX SEMAINES DE CONGÉ AU CARNAVAL AU LIEU D'UNE
ÇA TOMBE BIEN JE SUIS ENSEIGNANT
TU NE VAS PAS FAIRE ÇA PENDANT QUINZE JOURS ?!
MAIS DES GRANDES VACANCES D'ÉTÉ UN PEU MOINS LONGUES
C'EST PAS PLUS MAL
DEUX MOIS, C'EST BEAUCOUP
QU'EST-CE QUE TU DIS ???

En Belgique francophone, c'est la première année scolaire selon un calendrier tout nouveau. C'est une révolution.

Ciné-Télé-Revue \ 09.2022

BUDGET FÉDÉRAL
VIVALDI

Le gouvernement fédéral, toujours surnommé Vivaldi, a de plus en plus de mal à contenir le mécontentement face à l'inflation. Il distribue des aides et des primes. Mais c'est le retour, notamment pour la sécurité sociale, des économies.

Le Soir \ 13.10.2022

ON AVAIT DIT "PAS LES SOINS DE SANTÉ" !
JAMAIS
M.... VOUS AVEZ VU ?
C'ÉTAIT DISCRET
TU AVAIS PROMIS, VIVALDI

L'AUTOMNE SERA CHAUD...
VIVALDI
FGTB
CSC

Le Soir \ 21.11.2022

PLUS DE POUV
OIR D'ACHAT
JE NE PARVIENS PAS À NOUER LES DEUX BOUTS
C'EST ÇA !
GRÈVE GÉNÉRALE

DIPLÔME
Psychiatre
POUVOIR D'ACHAT
CO2
ÉNERGIE
ALLEZ...
C'EST BIENTÔT LA COUPE DU MONDE
ON VA PEUT-ÊTRE LA GAGNER
GAGNER LA COUPE DU MONDE DE LA HONTE ?! 6500 MORTS
CE SERAIT LE COMBLE

BELGIQUE TERRE D'IMPORT-EXPORT
HIER, CHARLEROI, LE CHARBON...
AUJOURD'HUI, ANVERS, LA COCAÏNE

Le Soir \ 28.02.2023

ANVERS
BRUXELLES
LIÈGE
POLICE

Projets d'enlèvements (notamment du ministre de la Justice Vincent Van Quickenborne qui est même caché dans un lieu secret), menaces, assassinats, la Belgique est de plus en plus sous l'emprise des narcotrafiquants.
Anvers devient la porte d'entrée de la drogue en Europe.

Le Soir \ 26.09.2022

MAZOUT €2941
Pellets €1821
FACTURE
GAZ +€1018
FACTURE

CETTE ANNÉE C'EST UN RECORD POUR LE CLIMAT!
ET POUR L'INFLATION
Kroll

Le Soir \ 29.10.2022

SALAIRES DES MINISTRES: VIVALDI VEUT BIEN FAIRE UN EFFORT
JE VEUX BIEN AUSSI
ET LE GREFFIER DU PARLEMENT WALLON?
JAMAIS
OK Mettez un peu moins
un peu

Aux différents niveaux de pouvoir, les élus concèdent quelques efforts.

Le Soir \ 07.10.2022

Trains de vie somptuaires sur des fonds publics, dépenses excessives, mauvaise gestion, l'affaire du greffier du Parlement wallon fait scandale. Elle conduira à la démission du président du Parlement, Jean-Claude Marcourt.

Le Soir \ 09.12.2022

C'EST QUI?
LE GREFFIER DU PARLEMENT WALLON ET SON PRÉSIDENT
ÇA DOIT ÊTRE UN RICHISSIME PAYS, LA WALLONIE ?!

Un Wallon, Raphaël Liégeois, a été sélectionné parmi 22 000 candidats comme astronaute de carrière par l'Agence spatiale européenne.

Le Soir \ 24.11.2022

UN LIÉGEOIS DANS L'ESPACE...
PAR QUELLE COMBINE ?
ET LE TRAM, ÇA AVANCE ?
C'EST JUSTE MON NOM !
UN LIÉGEOIS !

Le Soir \ 14.11.2022

MAIS OÙ LES SUPPORTERS CACHENT-ILS LEURS FUMIGÈNES ?
'FALLAIT L'ENLEVER, MALIN !
ANDERLECHT

Le championnat de football de Belgique fait rire : des supporters provoquent la fin anticipée de plusieurs matchs. Certains racontent comment ils introduisent, malgré les fouilles, tout ce qui est interdit dans les stades.

Le Soir \ 25.10.2022

ON EST EN TRAIN DE GAGNER, LÀ ?!
JE LES ADORE !

ÉLECTIONS AU BRÉSIL
FAUT PAS QU'IL GAGNE
FAUT PAS QU'IL GAGNE

Le Soir \ 01.10.2022

Élections présidentielles au Brésil :
Bolsonaro ne sera pas réélu.
Après avoir quitté le pouvoir en 2011,
Lula redevient président.

Le Soir \ 02.11.2022

J'AI GAGNÉ
MAIS C'EST PAS GAGNÉ
VIVA BOLSONARO

VOILÀ, ON VA FAIRE LA FÊTE… COMME ÇA PENDANT CINQ JOURS
ON VA S'ÉCLATER
ET VIVE MOI

C'est le 20e Congrès national
du Parti communiste chinois et Xi Jinping
est reconduit pour un 3e mandat.

Le Soir \ 17.10.2022

POURQUOI RETOURNER SUR LA LUNE ?
NOUS AVONS UNE MISSION BIEN PRÉCISE
TRUMP
VIENS, DONALD
C'EST MAGNIFIQUE, N'EST-CE PAS ?
GREAT !
VITE
ENFIN TRANQUILLES
?

Ciné-Télé-Revue \ 11.2022

OLAF SCHOLZ EN CHINE
C'EST JUSTE PRAGMATIQUE

Le chancelier Olaf Scholz rend une visite, contestée en Europe, au président chinois.

Le Soir \ 04.11.2022

SUPER

JE SUIS CANDIDAT !
2024
ON AURAIT DÛ LE FAIRE INTERNER

Pourtant désavoué par certains au sein même de son parti, Donald Trump est officiellement candidat à l'élection présidentielle de 2024.

Le Soir \ 17.11.2022

DES JEUX D'HIVER EN ARABIE SAOUDITE EN 2029 ?
C'EST PAS UNE BLAGUE
C'EST UN PEU CHER MAIS ...
.. ON S'ENTRAÎNE DÉJÀ !
UN VIN CHAUD APRÈS ?
PAS D'ALCOOL, MUSTAFA !
الرياض جدة
Riyad 3 Djeddah 2

Oui, l'Arabie saoudite annonce qu'elle organisera les jeux asiatiques d'hiver dans le désert, dans une nouvelle mégalopole futuriste.

Ciné-Télé-Revue \ 10.2022

ON A TROP D'ARGENT
ON S'EM...
QU'EST-CE QUE VOUS VOULEZ ?
ON NE VA PAS DÉCOUPER DES JOURNALISTES EN MORCEAUX TOUS LES JOURS
PAPA, J'AI FINI

Le Soir \ 06.10.2022

Qatar 2022 DANS UN mois !
ILS ME ME FONT TOUS CH...
J'AI UNE IDÉE, FRÈRE
SI ON ANNULAIT TOUT ?!
DEUX JOURS AVANT !!
LEURS TÊTES !
QUAND ILS SONT TOUS LÀ !
SCANDALE
UNE HONTE
CORRUPTION
CLIMAT

Le Soir \ 21.11.2022

La COP 27, décevante, se termine à Charm el-Cheikh. La Coupe du monde, très critiquée, commence au Qatar.

Le Soir \ 21.11.2022

TU REPASSES PAR LE QATAR QUELQUES JOURS AUSSI, TOI ?
AU POINT OÙ ON EN EST !
#COP27

Qatar 2022
ALORS ? QU'EST-CE QU'ON FAIT ?
JE BOYCOTTE LA CÉRÉMONIE D'OUVERTURE
ET JE BOIS DE L'ALCOOL
CARRÉMENT ?
ÇA LEUR SERVIRA DE LEÇON
PANINI
FIFA

Le Soir \ 19.11.2022

ON NOUS A DIT : LE TABLEAU LE PLUS CÉLÈBRE ICI, C'EST LA PIPE …!
C'EST PAS CELUI-LÀ ALORS ?!
BEN NON, C'EST MARQUÉ
M…!, IL EST OÙ ALORS ?
Ceci n'est pas une pipe
JUST STOP OIL
Knoll

Le Soir \ 28.10.2022

LES MUSÉES PRENNENT DES MESURES
COLLEZ VOTRE MAIN ICI
STICK YOUR HAND HERE
Knoll

Pour alerter sur l'urgence climatique,
dans les musées, des militants aspergent de soupe
ou de sauce tomate des chefs-d'œuvre de Manet,
Vermeer, Van Gogh... et s'y collent les mains aux murs.

Inédit

ÇA VA ÊTRE MAL COMPRIS SI JE JETTE DE LA SOUPE SUR CELUI-LÀ ?!
ÇA RAPPELLERA QU'À L'ORIGINE DU MONDE IL N'Y AVAIT PAS DE PÉTROLE
ÉVIDENT !
JUST STOP OIL
JUST STOP OIL
JUST STOP OIL

SÉCURITÉ
M... RATÉ
JUST STOP OIL
JUST STOP OIL

VOUS ÊTES TOUJOURS LÀ ?
JE VOULAIS VOUS DIRE… JE SUIS DÉSOLÉ. IL N'Y A PAS TOUT CE QUE VOUS VOULIEZ.
MON POUVOIR D'ACHAT A BAISSÉ ?
JE COMPRENDS
Kroll

ALORS COMMEGA, SAUVAGE D'ATH, L'UNESCO NE VEUT PLUS DE TOI ?
TES JOURS SONT COMPTÉS AUSSI, MON VIEUX
FOUETTARD, ON A DU BOULOT !

MA MAMAN, ELLE DEMANDE SI AU LIEU DE JOUETS, VOUS POURRIEZ PAYER L'ÉLECTRICITÉ
MON PAPA, LE GAZ
NOUVEAU

ALORS, VOUS DITES PARTOUT QU'EN MATIERE DE DROITS HUMAINS,
-NOUS AVONS FAIT DE GROS EFFORTS, ON VOUS DONNE 100 000$
-NOUS SOMMES IRREPROCHABLES 200 000$
-NOUS SOMMES UN MODÈLE 300 000$
QUE NOUS ADORONS LES LGBTQIA+, 200 000 DE PLUS
MENU

Le Soir \ 10.12.2022

ON N'IRAIT PAS VOIR LA FINALE À DOHA, PRÉSIDENT ?
JE VOUS REVENDS MES PLACES. J'EN AI REÇU PLEIN

JEAN-CLAUDE MARCOURT ÉVA KAÏLÍ

ET LES DEPUTES WALLONS, POURQUOI ON N'A PAS ETE CONTACTES ?

Une grosse affaire éclate. Certains membres du Parlement européen auraient perçu de l'argent en échange de la défense des intérêts du Qatar. Éva Kaïlí, vice-présidente, est impliquée dans le scandale avec le député européen Antonio Panzeri.

Le Soir \ 02.11.2022

Qatar 2022 FIN
VOUS NOUS DONNEZ COMBIEN POUR DIRE PARTOUT QUE C'ÉTAIT SUPER DE BOUT EN BOUT ?
TOUT !
CE L'ÉTAIT, NON ?
TAIS-TOI
I ♥ DOHA

Le Soir \ 19.12.2022

Coupe du monde : décevant tout le pays, les Diables Rouges, pourtant prometteurs, ne passent pas le premier tour du tournoi. C'est la fin d'une génération. Roberto Martínez, le sélectionneur national, démissionne.

Le Soir \ 02.12.2022

JE VOUS LES LAISSE POUR DE BON... RAPPELEZ-VOUS QUAND MÊME TOUT CE QU'ILS ONT FAIT DE FORMIDABLE
FILIP 1 PHILIPPE
QATAR AIRWAYS
Kroll

EN EXCLUSIVITÉ POUR Le Soir, LE PAPE FRANÇOIS ...

C'est l'Argentine de Lionel Messi qui remporte la Coupe du monde.

Le Soir \ 21.12.2022

Qatar 2022
Si c'est pas malheureux
Et à 15 euros la bière, on peut même pas noyer ça !
Qu'est-ce qu'il a ce pauvre homme ?
Pourquoi vous êtes si triste, vous ? Vous n'êtes pas belge ?
Qu'est-c'qu'il dit
J'avais parié deux milliards de dollars sur vous avec un copain
Kroll

Qatar 2022
c'est fini
maintenant
Joyeux Noël
Qatar

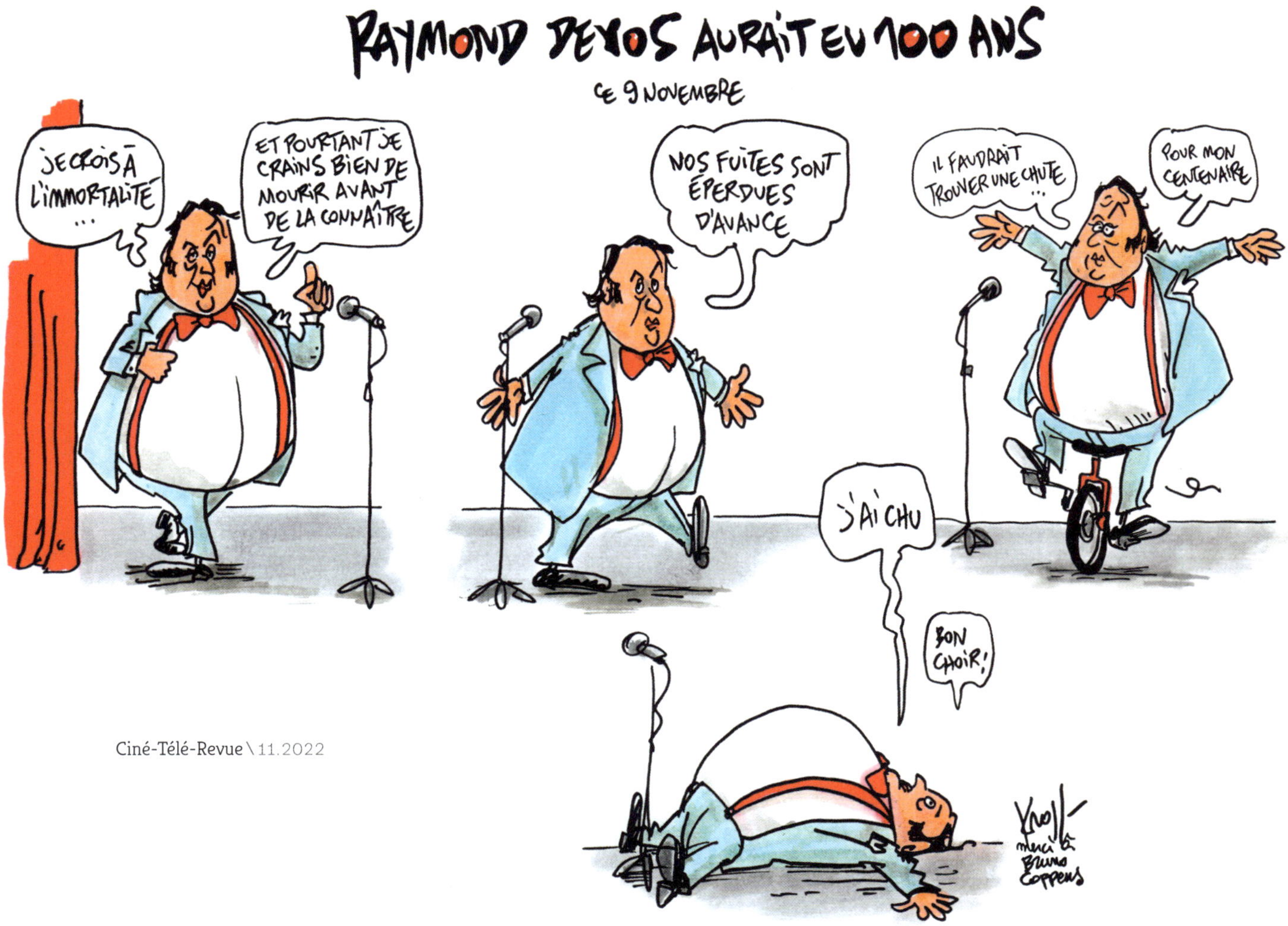
RAYMOND DEVOS AURAIT EU 100 ANS
CE 9 NOVEMBRE
JE CROIS À L'IMMORTALITÉ ...
ET POURTANT JE CRAINS BIEN DE MOURIR AVANT DE LA CONNAÎTRE
NOS FUITES SONT ÉPERDUES D'AVANCE
IL FAUDRAIT TROUVER UNE CHUTE ...
POUR MON CENTENAIRE
J'AI CHU
BON CHOIR!
Kroll
merci à Bruno Coppens

Ciné-Télé-Revue \ 11.2022

8 MILLIARDS D'HUMAINS SUR TERRE
TROP FORTS!

Le Soir \ 16.11.2022

ET PUIS VINT l'hiver

JAMAIS RIEN TOUCHÉ DU QATAR!
JAMAIS VOYAGÉ EN BUSINESS CLASS
MOI, J'TE DIS: DES PAREILS ON N'EN FAIT PLUS

C'est donc Noël…

Le Soir \ 24.12.2022

… et Zelensky fait ses courses.

Le Soir \ 22.12.2022

ZELENSKY À WASHINGTON
MERCI D'ÊTRE VENU JUSQU'ICI MAIS NOUS LIVRONS TOUJOURS À DOMICILE...
ET C'EST GRATUIT POUR VOUS

ISRAËL: UN NOUVEAU GOUVERNEMENT
ÇA Y EST
JE L'AI FAIT
IL EST PAS BEAU ?
RACISME
EXTRÊME DROITE
ULTRA ORTHODOXES
SUPRÉMACISME
LIKOUD

Netanyahou forme un nouveau gouvernement d'extrême droite, avec les suprémacistes juifs et les ultraorthodoxes, qui prévoit d'affaiblir le pouvoir judiciaire et d'étendre les colonies.

Le Soir \ 23.12.2022

DE LA NEIGE EN ARDENNE
JE M'EN FICHE C'EST FROID ÇA MOUILLE ÇA GLISSE
VIENS, C'EST PEUT-ÊTRE LA DERNIÈRE FOIS
C'ÉTAIT BEAU

M...JE SUIS REVENUE TROP TÔT !
UN REVEILLON AVEC PRESQUE 20°, C'EST PAS UN HIVER ÇA !
Y A PLUS D'HIVER !
COMMENT TU DISAIS ?
"Y A PLUS D'HIVER" C'EST ÇA ?

L'hiver fait une apparition inattendue.

Le Soir \ 26.12.2022

Ciné-Télé-Revue \ 01.2023

BENOÎT, VOUS ÊTES MON SEUL PAPE QUI A CONNU UNE PRÉRETRAITE. C'ÉTAIT COMMENT?
COOL
LA VRAIE RETRAITE COMMENCE MAINTENANT

Benoît XVI, qui fut pape de 2005 à 2013, meurt à 95 ans.

Le Soir \ 02.01.2023

Le procès des attentats de Bruxelles en 2016 devait commencer à la mi-octobre… Il débuta péniblement le 5 décembre et connut de nombreux empêchements.

Le Soir \ 04.01.2023

PROCÈS DES ATTENTATS, JANVIER 2024…
QU'EST-CE QUI SE PASSE ENCORE AUJOURD'HUI?

LES ACCUSÉS NE VEULENT PLUS VENIR DANS CES CONDITIONS-LÀ!
VOUS NE POURRIEZ PAS LEUR PASSER UNE AUTRE MUSIQUE? DU CLASSIQUE? CHANTAL GOYA?
POUR QU'ON PUISSE ENFIN PARLER DU FOND

ADIEU BENOÎT XVI
MOI, J'AI FAIT ELIZABETH II ET PELÉ!

Le Soir \ 05.01.2023

C'EST QUI, GASPARD?
JE NE SAIS PAS, MELCHIOR. BALTHAZAR, DEMANDE
UN NOUVEAU ROI, VOUS DITES?
JE NE SERAI COURONNÉ QU'EN MAI

Ciné-Télé-Revue \ 01.2023

IL FAIT DOUX CETTE ANNÉE
ET VOUS ÊTES DEVENU ROI COMMENT? VOUS ÊTES TOMBÉ SUR LA FÈVE DANS LA GALETTE?
NON. MA MÈRE EST MORTE L'AN DERNIER
EXCUSEZ-MOI
VENEZ
Knoll

C'EST POUR QUI?
POUR MON FILS WILLIAM...
VOUS METTEZ "AVEC TOUT L'AMOUR D'UN FRÈRE, SANS RANCUNE, ON N'EN PARLE PLUS..." UN TRUC COMME ÇA
PRINCE HARRY
LE SUPPLÉANT

Plein de révélations, le livre du prince Harry est un grand succès commercial. Sa mésentente avec le prince William apparaît au grand jour.

Le Soir \ 16.01.2023

ALLEZ, WILLIAM!
VAS-Y, HARRY!

Ciné-Télé-Revue \ 01.2023

J'ATTENDS MON VOL DEPUIS HIER
ET VOUS?
J'ATTENDS LE SALAIRE MINIMUM DEPUIS DES ANNÉES. JE SUIS VOTRE HÔTESSE
DONC ON NE PART PAS
RYA

Le Soir \ 30.12.2022

4000 - 3500
Avant JC

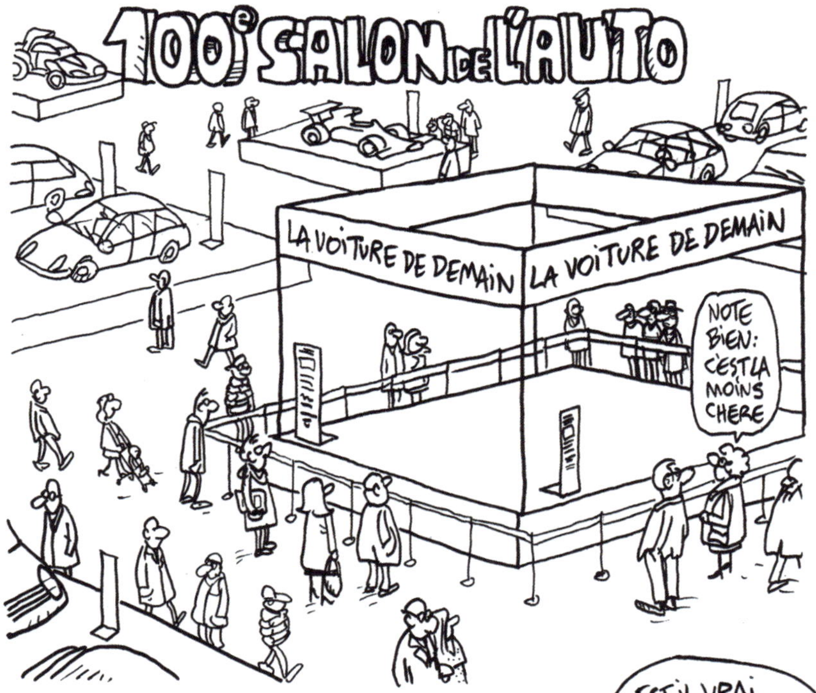
100e SALON DE L'AUTO
LA VOITURE DE DEMAIN
LA VOITURE DE DEMAIN
NOTE BIEN: C'EST LA MOINS CHÈRE

Le Soir \ 15.02.2023

2035-2100
Après JC

1900
EST-IL VRAI QUE ÇA AVANCE SANS UN CHEVAL ?
ABSOLUMENT
1960
ON PEUT AVOIR LA FILLE AVEC LA VOITURE ?
À DISCUTER, MONSIEUR
2023
IL EST POSSIBLE D'AVOIR LA VOITURE SANS LA CENTRALE NUCLÉAIRE ?
HEU...
NON, MADAME

Ciné-Télé-Revue \ 01.2023

Le président ukrainien Zelensky appelle les alliés à accélérer la livraison d'armes, notamment des chars et des missiles.

Le Soir \ 20.01.2023

URSULA, CHARLES, ÇA Y EST ? JE RENTRE DANS L'UNION ?
VOUS AVEZ MES AVIONS ?
DU CALME DU CALME
Kroll

FROM

ALORS ? LES AVIONS ? DES MISSILES ?
EN SOMME, ON EST EN GUERRE CONTRE LA RUSSIE ?!
IL Y A DES T-SHIRTS DE LA TOURNÉE ?
Kroll

Le Soir \ 10.02.2023

ALORS? POUR LE BELGE? ON NÉGOCIE?
IL VA MOURIR

Ebrahim Raïssi, président
de la République islamique d'Iran.

Le Soir \ 11.01.2023

DITES DONC, VANDECASTEELE, VOTRE JUSTICE EN BELGIQUE, ELLE EST PAS PRESSÉE

Un humanitaire belge, Olivier Vandecasteele, est détenu en Iran depuis février 2022. L'Iran veut l'échanger contre un Iranien condamné pour terrorisme à 20 ans de prison en Belgique en 2021. La Belgique cherche comment répondre à cet odieux chantage.

Le Soir \ 16.02.2023

Ali Khamenei, ayatollah et guide suprême de la Révolution islamique.

Peines de mort, pendaisons, la répression des contestations est impitoyable en Iran.

Le Soir \ 09.01.2023

ON VIENT NOUS AIDER ?
LA RUSSIE ET L'UKRAINE!
ISRAËL
LA GRÈCE!
L'ALLEMAGNE, LA SUÈDE, L'INDE, L'ESPAGNE, L'UNION EUROPÉENNE, LA CHINE, L'AZERBAÏDJAN, LES PAYS-BAS, LA BULGARIE, TAÏWAN, LA FRANCE, LA GRANDE-BRETAGNE

Onze provinces turques et la Syrie sont le lieu d'un épouvantable tremblement de terre le 6 février. Au moins 56000 morts. Des millions de personnes sont en situation d'extrême urgence. Les secours étrangers s'organisent. Le président Erdogan est très critiqué pour de nombreuses négligences, l'impréparation et un népotisme coupable.

Le Soir \ 07.02.2023

TOUT VA BIEN JE M'OCCUPE DE TOUT
COMME JE M'EN SUIS OCCUPÉ JUSQU'ICI
AVEC MES AMIS
VOTEZ POUR LE GÉNIAL ERDOGAN
OÙ SONT LES SECOURS TURCS?
OÙ EST PASSÉ L'ARGENT?
OÙ ÉTAIT L'ARMÉE?

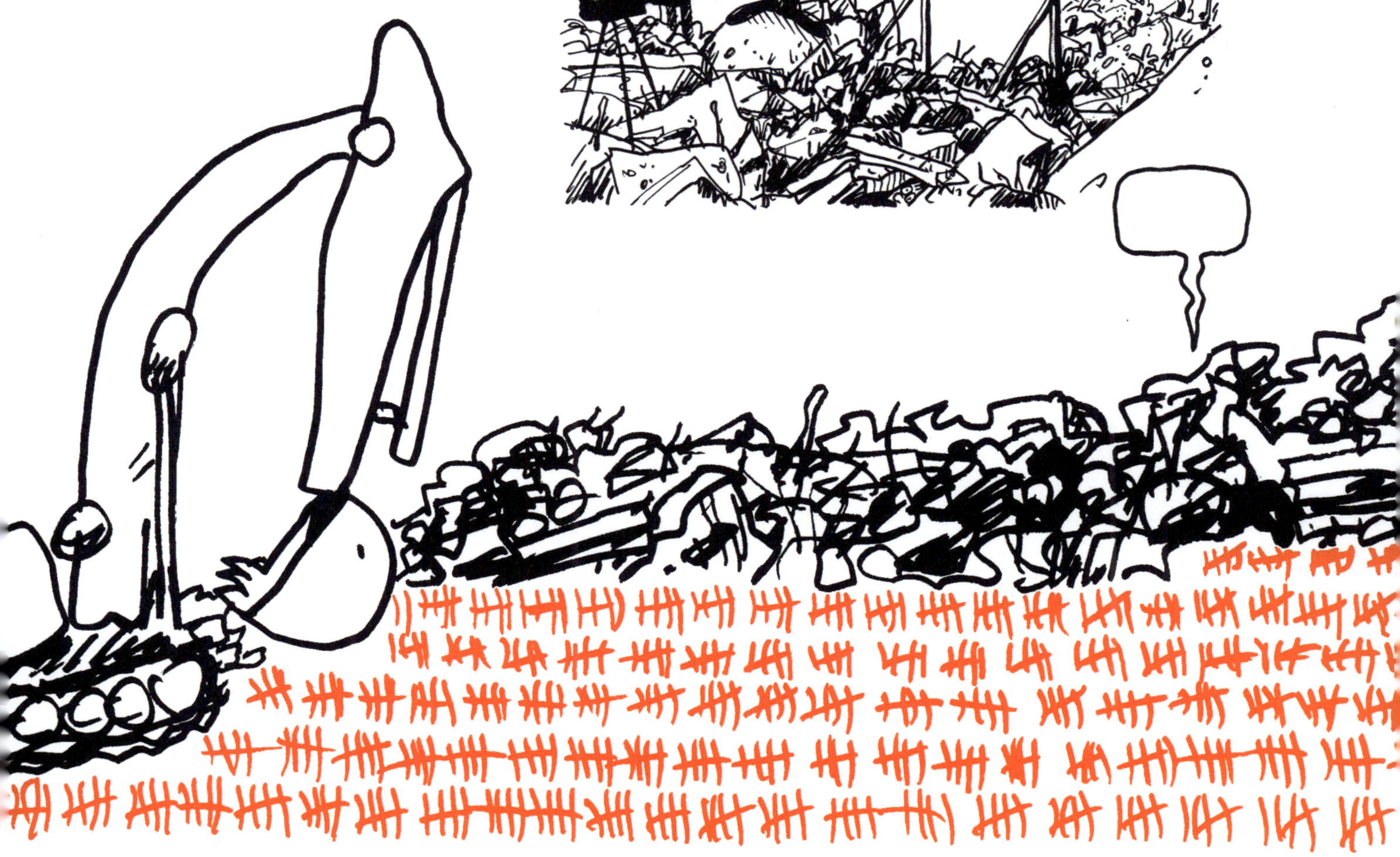

PIER ANTONIO PANZERI, LE REPENTI !
C'EST PROMIS : VOUS ME FEREZ DE LA CHIRURGIE ESTHÉTIQUE ?!
M… IL VA TOUT BALANCER !

L'ancien député européen Panzeri accepte de collaborer avec la justice en échange d'une peine négociée. Il sera délateur.

Le Soir \ 18.02.2023

LE GREFFIER WALLON TOUJOURS EN CONGÉ PAYÉ FORCÉ
JE VAIS VOUS DIRE … JE MEM…
DUBAI
VISIT USA

Le greffier du Parlement wallon est simplement écarté provisoirement, sans plus.

Le Soir \ 17.03.2023

PUISQU'ON TIENT UN REPENTI, ON VA TOUT SAVOIR …
… ALORS, PANZERI, LES TUEURS DU BRABANT, AU FAIT
PARLE
LES QUOI ?

C'EST TROP SYMPA ! JE NE SUIS MÊME PAS DÉPUTÉ EUROPÉEN !
LA RETRAITE, MOI, ÇA VA !

Nicolas Sarkozy est aussi visé par un procès pour corruption par le Qatar, concernant l'attribution de la Coupe du monde à Doha.

Le Soir \ 28.01.2023

À QUAND UN ASTÉRIX ENTIÈREMENT BELGE ?
RÉALISÉ PAR LES FRÈRES DARDENNE
PAS DE VÉLOMOTEUR CETTE FOIS-CI
AH BON ?
LUC
Jean-Pierre
ELIO DI RUPO SERAIT JULES CÉSAR
KEVIN DE BRUYNE FERAIT BIEN ASTÉRIX
JE M'EN BATS LES C....
MILOU
...ET LUKAKU OBELIX
À MOINS QU'ON NE RETROUVE MAGGIE DE BLOCK
VAN LAETHEM EN DRUIDE PANORAMIX
GEL HYDROALCOOL
ASTRA ZENECA
PFIZER
...ET STROMAE EN BARDE ASSURANCETOURIX
Fin
Kroll

Encore une adaptation d'Astérix au cinéma : celle de Guillaume Canet qui réalise *L'Empire du Milieu* avec une distribution remplie de vedettes (dont Angèle).

Ciné-Télé-Revue \ 01.2023

LA REINE MATHILDE A 50 ANS
QU'EST-C'QU'ON A BIEN FÊTÉ ÇA, HEIN PHILIPPE ?!

Le Soir \ 21.01.2023

SAINT-VALENTIN
Restaurant
MENU SAINT-VALENTIN
60€/pers
C'EST CHER
TU M'AIMES ?
Chez machin
menu spécial saint valentin
apéritif offert
PARFUMS
Offrez pour la saint valentin
À QUI ? À MON CHIEN ? JE VIS TOUT SEUL !
ET POURQUOI PAS ?
MAMY, C'EST QUOI, TOUT ÇA ?
collection SAINT-VALENTIN
-20%
-30%
POULETS RÔTIS
PROMOTION SAINT-VALENTIN 2 POUR LE PRIX DE 1
EST-CE QUE CE N'EST PAS DU COMMERCE AVANT TOUT ?
JE LE DIS CHAQUE ANNÉE

LE MYSTÈRE DES BALLONS CHINOIS

?
C'ÉTAIT DONC ÇA !
On vous aime Bonne Saint valentin
US

À BINCHE, ILS L'ONT FAIT
À MOSCOU, ILS VONT LE FAIRE
J'AI DIT PEUTÊTRE

?

Au moins deux ballons de surveillance chinois survolent le continent américain… et sont abattus.

Le Soir \ 28.01.2023

APRÈS 2 ANS D'ANNULATION, RETOUR DU CARNAVAL
ROGER !?
J'AI UN PEU OUBLIÉ COMMENT C'ÉTAIT
Kroll

BIDEN
À KIEV

Visite surprise de Joe Biden en Ukraine. Il renouvelle le soutien des États-Unis.

Le Soir \ 21.02.2023

OH, UN DOCUMENT TOP SECRET, CLASSIFIÉ TROUVÉ CHEZ TRUMP
J'EN AI TROUVÉ 100 VENANT DE CHEZ BIDEN
Y EN A ICI QUI ÉTAIENT CHEZ MIKE PENCE
TOP SECRET
CLASSIFIED
Kroll

La découverte de documents classifiés dans la résidence de Joe Biden embarrasse la Maison-Blanche. Donald Trump est poursuivi pour pareille entorse à la règle.

Le Soir \ 26.01.2023

Le président Joseph Robinette Biden, 80 ans, est en bonne santé et apte à remplir ses fonctions.
QUELLES FONCTIONS ENCORE?

IL Y A UN AN
ÇA VA ÊTRE VITE FINI, VITE GAGNÉ
VOUS ÊTES SÛR?
SÛR!
TU PARLES!

Cela fait un an que l'armée russe, sur ordre de Vladimir Poutine, a envahi l'Ukraine.

Le Soir \ 24.02.2023

LE 24 FEVRIER 2022 À 5H
C'EST UNE GUERRE!

MAINTENANT, C'EST SIMPLE: RENTREZ CHEZ VOUS.
IL EST DRÔLE HEIN? CELUI-LÀ!
VOUS LE CONNAISSEZ?

PAPA, C'EST VRAI QUE C'EST LA GUERRE EN SYRIE, AU YEMEN, EN HAÏTI, AU SAHEL, EN BIRMANIE, AU CONGO, EN ÉTHIOPIE...?
ON NE PEUT PAS SUIVRE TOUS LES MATCHS, CHÉRIE
LÀ, C'EST UKRAINE-RUSSIE

ON DOIT VRAIMENT MOURIR JUSQU'AU DERNIER POUR ÇA?
Y A PLUS RIEN ICI
BAKHMOUT

La bataille pour la ville de Bakhmout, en ruine et désertée, est interminable.

Le Soir \ 02.03.2023

VOUS LUI AVEZ DIT POUR LE MANDAT D'ARRÊT CONTRE LUI?
IL EST SOUS LA TABLE À MOURIR DE RIRE
CPI

BRAVO, VOUS ÊTES 300 000 CONTRE LA RETRAITE À 75 ANS
EXCUSEZ-MOI MAIS J'EN COMPTE 37 000 ...ET JE CROIS QUE LE PRÉSIDENT A DIT 65 ANS !
CGT
CGT
RETRAIT DU PROJET DE RÉFORME DES RETR
NON À LA RÉFORM
LA RETRAITE AVANT L'ARTHRITE

PHILIPPE MARTINEZ (CGT)

La réforme des retraites, voulue par le président Macron, est contestée partout en France. Les manifestations sont nombreuses, répétées, réprimées. Pour éviter de faire tout son quinquennat en marche arrière, Macron ne lâche rien.

Le Soir \ 02.03.2023

VOUS FONCEZ DANS LE TAS. VOUS LEUR COLLEZ DES BAFFES À TOUS ...ET C'EST RÉGLÉ
VOUS POUVEZ FAIRE ÇA POUR MOI ?
QU'EST-CE QUE T'EN DIS ?
CGT
NON AUX
RETRAITES MALTRAITE
64 ANS NON
CGT
Kroll

PHILIPPE MARTINEZ
LAURENT BERGER
CGT for ever
CFDT
NON À LA RÉFO
VOUS TENEZ BON, ÉLISABETH ?
OUI, MAIS JE PERÇOIS COMME UNE CERTAINE CONTESTATION, PRÉSIDENT
PAS VOUS ?

SCORE
49
3

Pour assurer le passage de sa réforme, Élisabeth Borne, Première ministre, active l'article 49.3 de la Constitution qui permet d'éviter un vote à l'Assemblée.

Le Soir \ 17.03.2023

ASSEMBLÉE NATIONALE
PRÉSIDENT, SI LA RÉFORME PASSE, VOUS RANGEZ TOUT ET C'EST FINI ?
PARLE PAS DE MALHEUR

Grève des éboueurs à Paris. Des milliers de tonnes de déchets s'accumulent dans les rues.

Le Soir \ 16.03.2023

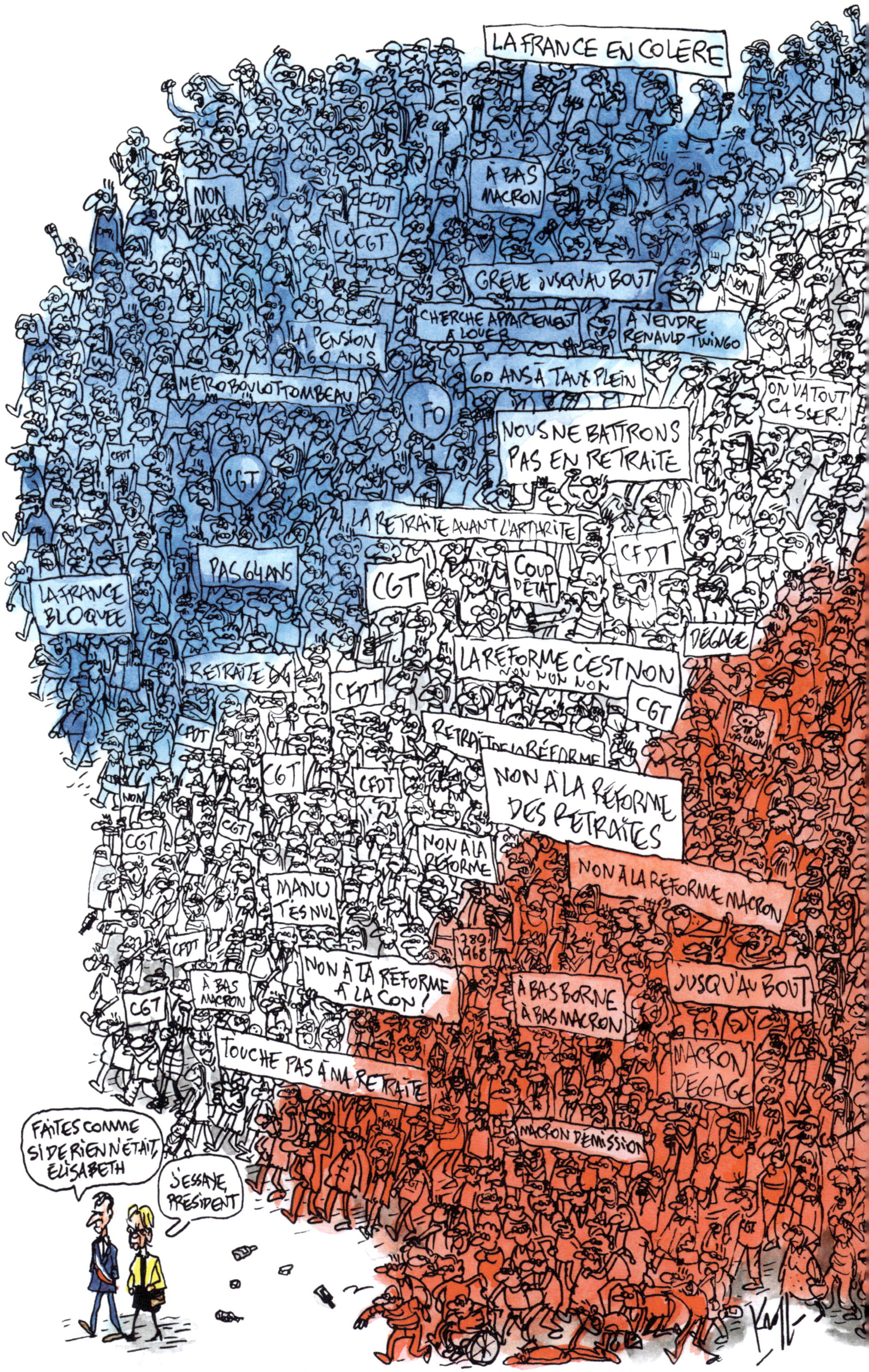

LA FRANCE EN COLÈRE
NON MACRON
CFDT
CGT
À BAS MACRON
GRÈVE JUSQU'AU BOUT
NON
CHERCHE APPARTEMENT À LOUER
À VENDRE RENAULD TWINGO
LA PENSION À 60 ANS
MÉTRO BOULOT TOMBEAU
60 ANS À TAUX PLEIN
ON VA TOUT CASSER!
FO
CGT
NOUS NE BATTRONS PAS EN RETRAITE
LA RETRAITE AVANT L'ARTHRITE
PAS 64 ANS
LA FRANCE BLOQUÉE
CGT
COUP D'ÉTAT
CFDT
DÉGAGE
RETRAITE
LA RÉFORME C'EST NON
NON NON NON
CFDT
CGT
RETRAIT DE LA RÉFORME
NON À LA RÉFORME DES RETRAITES
CGT
CFDT
NON
CGT
NON À LA RÉFORME
MANU T'ES NUL
NON À LA RÉFORME MACRON
1789 1968
CFDT
CGT
À BAS MACRON
NON À TA RÉFORME À LA CON!
À BAS BORNE À BAS MACRON
JUSQU'AU BOUT
TOUCHE PAS À MA RETRAITE
MACRON DÉGAGE
MACRON DÉMISSION
FAITES COMME SI DE RIEN N'ÉTAIT, ÉLISABETH
J'ESSAYE, PRÉSIDENT

LA BOULIMANIA
LES CESARS
PUTAIN, JE VIENS DE LIÈGE QUAND MÊME
C'EST OÙ ?
LES MAGRITTES
TROIS ?
PUTAIN, C'EST LOURD
JE DOIS RENTRER À LIÈGE, MOI !
LES OSCARS
JE NE SAVAIS PAS QU'IL ÉTAIT DANS "AVATAR"
SI, LÀ, LE POISSON
ON SENT SA PRÉSENCE
LIÈGE

Bouli Lanners reçoit un César pour son rôle dans *La Nuit du 12*. Il fait une déclaration qui ne passe pas inaperçue.

Ciné-Télé-Revue \ 03.2023

OUFTI

À l'automne 2023, Bouli Lanners ouvre un (petit) théâtre de marionnettes à Liège.

Inédit

ALLEZ... ON RÉPÈTE
P... ON VIENT...
DE LIÈGE
QUAND MÊME

Nouveau triomphe, quelques jours plus tard à Bruxelles, il remporte trois Magrittes.

Le Soir \ 04.03.2023

BRAVO
Drag Race
BELGIQUE
EN CETTE PÉRIODE DE MOROSITÉ, IL FAUDRAIT DES DRAG-QUEENS...
À LA POLICE...
VOS PAPIERS
ELLE EST BELLE LA MADAME!
AU JT...
ET MAINTENANT, LA GUERRE EN UKRAINE
19 trente
À L'ARMÉE...
GAAARDE-À-VOUS
OUI, CHEFFE
'FAUT S'Y FAIRE QUAND MÊME
...PARTOUT!
ON VOUDRAIT VOIR LE NOTAIRE
C'EST MOI

Une nouvelle émission de téléréalité popularise, non sans critiques, les drag-queens de Bruxelles et de Wallonie.

Ciné-Télé-Revue \ 01.2023

CHEF, LES BELGES S'INTERDISENT TIKTOK!
ON S'EN FOUT UN PEU, NON?
JE NE POUVAIS PAS ME PASSER DE CE TYPE-LÀ
MOI NON PLUS
ELIO
Danse avec ELIO
TIKTOK

Comme la Communauté européenne, l'État fédéral belge interdit TikTok sur le téléphone de ses agents.

Le Soir \ 11.03.2023

LE PAPE FRANÇOIS : DIX ANS DÉJÀ
JE FAIS CE QUE JE PEUX MAIS LES TEMPS SONT DURS
JE NE VOUS ENVIE PAS

Le Soir \ 13.03.2023

LE PAPE AU CONGO
VOICI DES NOUVELLES DE L'ENFER SUR TERRE, SAINT PÈRE....
?

Le Soir \ 02.02.2023

LA VOLONTÉ POLITIQUE
LA NEUTRALITÉ CARBONE
PLUS VITE
LE GIEC
LA TERRE

Le nouveau rapport du GIEC alarme encore sur un réchauffement global de la planète.

Le Soir \ 21.03.2023

le printemps

C'EST VRAI QU'UNE BANQUE SUISSE A FAILLI FAIRE FAILLITE ?
RACHETÉE POUR SEULEMENT 3 MILLIARDS DE FRANCS !?!
C'EST UN SIGNE DE LA FIN DU MONDE ÇA
Kroll

UBS rachète, pour le sauver, le Crédit Suisse en faillite. Du jamais vu !

Le Soir \ 22.03.2023

NOS REINES EN ÉGYPTE
FAIS ATTENTION, ÉLISABETH
MAMAN, C'EST MAGNIFIQUE
AU SECOURS C'EST QUOI ÇA ?
TON ARRIÈRE-ARRIÈRE-GRAND-MÈRE ?
BONJOUR
ET COMMENT VA LA BELGIQUE AU FAIT ?

La reine Mathilde et la princesse Élisabeth font un voyage en Égypte et visitent la tombe de Toutankhamon comme le fit la reine Élisabeth, il y a tout juste 100 ans.

Ciné-Télé-Revue \ 03.2023

ALLEZ !
NON
NON
NON
NON
NON
NON
NON
ELHAIZE

Un conflit très dur oppose les syndicats et la direction de Delhaize qui entend franchiser 128 supermarchés. Grèves, fermetures, recours en justice... Toutes les négociations échouent.

Le Soir \ 15.03.2023

UN MÉDIATEUR SOCIAL CHEZ DELHAIZE
ALORS ?

Le Soir \ 29.03.2023

C'EST RATÉ
DANS 6 MOIS ILS VONT CÉDER
DANS 6 MOIS ILS VONT CRAQUER

Le Soir \ 19.04.2023

ET DE QUOI J'ME MÊLE ?
VOUS ÊTES QUI, VOUS ?
DES CLIENTS !
EX-CLIENTS
BOYCOTT

Le Soir \ 17.05.2023

VOUS AVEZ VRAIMENT AUSSI MAL QUE VOUS LE DITES, MADAME ?
ASSURANCES

Le procès des attentats de Bruxelles a mis en lumière les problèmes liés à l'indemnisation des victimes par les compagnies d'assurances... et c'est pas joli.

Le Soir \ 01.04.2023

ET MAINTENANT QU'EST-CE QUE VOUS AVEZ À DIRE ?
TANT DE VIES PERDUES
TANT DE VIES BRISÉES À JAMAIS
CHRISTIAN
TYPHAINE
PHILIPPE
TANT DE SOUFFRANCE
SYLVIE
SÉBASTIEN

Le récit des victimes prend fin. On passe à l'interrogatoire des accusés.

Le Soir \ 03.04.2023

Le président Macron s'explique et tente en vain de mettre un terme aux manifestations contre la réforme des retraites marquées par des violences.

Le Soir \ 23.03.2023

Est-ce que vous pensez que ça me fait plaisir de faire cette réforme?
MANQUERAIT PLUS QUE ÇA!
ET ALORS?
PAUV'CHOU!
TA G''''!
ON S'EN FOUT
ON VA PLEURER TIENS!
BIEN ESSAYÉ!
C'EST LA MEILLEURE, ÇA!!
PEUT-ÊTRE

IL VAUT MIEUX NE PAS VENIR EN FRANCE, MAJESTÉ
VOUS ÊTES SÛR?
SÛR

Il doit se résoudre à annuler la visite du roi Charles III en France.

Le Soir \ 25.03.2023

Le pape François atteint d'une infection respiratoire est hospitalisé quelques jours.

Le Soir \ 05.04.2023

VOUS VOILÀ RÉTABLI, SAINT PÈRE
TANT MIEUX, JE DOIS ÊTRE CRUCIFIÉ VENDREDI ET RESSUSCITER DIMANCHE

Sans rancune ?
Qu'est-ce qu'il dit ?

Pâques 2023

ESSAYE
OK
ALLEZ.. SERREZ-VOUS LA MAIN ET ON N'EN PARLE PLUS !
CONSEIL CONSTITUTIONNEL
RETRAITE À 64 ANS NON
CGT
NON

Les manifestations continuent. Le Conseil constitutionnel valide le projet de réforme. Le débat est supposé clos.

Le Soir \ 08.04.2023

ET MAINTENANT ON VA FAIRE UNE GRANDE CHASSE AUX OEUFS
ENFIN UNE BONNE IDÉE !
POLICE
CFDT
CGT

Le Soir \ 14.04.2023

ÇA FAIT UN AN QUE TU ES RÉÉLU, CHÉRI
SEULEMENT?
IL EN RESTE COMBIEN ?
TU L'AS FAIT GOÛTER AVANT?

Le Soir \ 24.04.2023

BIDEN 2024
RÉFLÉCHIS QUAND MÊME, JOE, PARCE QU'UN SECOND MANDAT C'EST PAS SIMPLE!

Joe Biden se déclare officiellement candidat à sa réélection en 2024.

Le Soir \ 26.04.2023

CHAT GPT À L'ÉCOLE
MADAME, JE REFUSE DE CROIRE QUE C'EST VOTRE FILS QUI A ÉCRIT "JE ME SUIS BAIGNÉ DANS LE POÈME DE LA MER, INFUSÉ D'ASTRES ET LACTESCENT, DÉVORANT LES AZURS VERTS ; OÙ, FLOTTAISON BLÊME ET RAVIE, UN NOYÉ PENSIF PARFOIS DESCEND"
VOUS NE L'EN CROYEZ PAS CAPABLE ?
OÙ ALLONS-NOUS ?

Le Soir \ 07.01.2023

LES AVENTURES DE MIDJOURNEY ET ChatGPT
L'INTELLIGENCE ARTIFICIELLE PEUT ÉCRIRE COMME LES PLUS GRANDS AUTEURS...
C'EST GÉNIAL !
Flaubert
MADAME BOVARY LE RETOUR
...PEINDRE COMME LES PLUS GRANDS PEINTRES !
QUE C'EST BEAU !
Ceci n'est pas un râteau
SI VOUS VOYEZ UNE IMAGE DU PAPE COMME CECI, ELLE EST SÛREMENT FAUSSE...
CELLE-CI AUSSI
CAR MIDJOURNEY A DÉJÀ CRÉÉ CELLE-LÀ →

L'INTELLIGENCE ARTIFICIELLE SUITE

QU'EST-CE QUE TU ÉCOUTES ?
MICHAEL JACKSON ET CHARLES AZNAVOUR QUI CHANTENT EN DUO LES CHANSONS D'ANGÈLE
C'EST TROP BIEN

NOUVELLE PHOTO DU PAPE

CHÉRI, TU SAVAIS QUE LE GÉNÉRAL de GAULLE VIVAIT TOUJOURS ?
OUI, JE L'AI LU AUSSI
IL REVIENT
C'EST GRAVE

Une révolution : ChatGPT (textes) et Midjourney (images), comme une cinquantaine d'autres intelligences artificielles, rendent accessibles à tous ces outils incroyables. Leur utilisation et leur développement inquiètent.

Ciné-Télé-Revue \ 04.2023

DOMMAGE !

VOUS ALLEZ BIEN, ISABELLE, CE MATIN ?
BIEN, ET VOUS, EMMANUEL ?
VOUS M'AVEZ VERSÉ UN PEU D'ARGENT
VOILÀ JE LE FAIS
MAMAN, JE TE DIS QUE C'EST PAS LE VRAI MACRON, C'EST UN FAKE !

EN ATTENDANT, J'AI FAIT CETTE PAGE TOUT SEUL, Kroll

ALORS COMME ÇA,
LES ÉGYPTIENS AVAIENT L'ÉLECTRICITÉ
LÀ, DE L'OR
= UNE ANTENNE !
DEDANS : STATION DE MÉTRO SANS DOUTE
c'est con parce qu'on n'a pas encore inventé la roue ni domestiqué le cheval...
Station Kheops
LES HISTORIENS LE SAVENT TRÈS BIEN, MAIS ILS NOUS CACHENT DES FRESQUES COMME CELLE-CI
Traduction facile :
-Je peux recharger mon smartphone ici, madame ?
-As-tu un adaptateur ? Voilà le mien.
C'EST MAÎTRE GIMS QUI L'A DIT

Dans une interview qu'il avoue regretter, le rappeur Gims dénonce l'histoire officielle et avance des théories un peu complotistes… mais plutôt drôles !

Ciné-Télé-Revue \ 04.2023

J'AI DU MAL À TROUVER QUE CE BEAU TEMPS, C'EST PAS BIEN
UN SPRITZ ?
ENCORE 30° LA SEMAINE PROCHAINE
Le Soir
LE PROBLÈME, C'EST QUE C'EST PAREIL ICI !
IL NE NOUS RESTE PLUS QU'À FAIRE COMME EUX
PASTIS ?
C'EST PAS DRÔLE

EN ESPAGNE ...
IL FAIT TROP CHAUD POUR SE BATTRE, NON ?
BIEN D'ACCORD

Le réchauffement climatique est à nouveau manifeste avec une canicule grave et précoce en Espagne, puis en Belgique.

Ciné-Télé-Revue \ 06.2023

NORTH SEA SUMMIT

Huit pays et la Commission européenne s'entendent pour produire en mer du Nord une énergie verte, durable et plus sûre.

Le Soir \ 25.04.2023

LES ENSEIGNANTS ENCORE UNE FOIS DANS LA RUE
C'EST VOUS MADAME FABIENNE ?
RAS-LE-BOL
ON N'EN PEUT PLUS
J'EN SAIGNE
MARRE !
COMMENT NOUS FAIRE ENTENDRE ?
ESSAYEZ DES CASSEROLES

Boycotté officiellement par les 27 pays européens, le pétrole russe, exporté, arrive par ailleurs !

Le Soir \ 20.04.2023

HYPOCRITE, NON ?
PÉTROLE RUSSE
CHINE
TURQUIE
INDE
FERMÉ
INTERDIT
BOYCOTT
EUROPE

J'AI UNE CARTE DE BANQUE. JE CHERCHE UN DISTRIBUTEUR DE BILLETS
C'EST MON ARGENT !
IL Y EN AVAIT UN LOIN, LÀ, DERRIÈRE LES COLLINES...
MAIS JE NE SAIS PAS S'IL Y EST TOUJOURS
BRUXELLES

En 2024, il restera moins de 4000 distributeurs de billets en Belgique. Il y en avait 8000 en 2017.

Le Soir \ 11.04.2023

Les alliés occidentaux se retrouvent à Ramstein en Allemagne.

Le Soir \ 22.04.2023

ET ALORS MES ARMES ? DES CHARS, DES AVIONS, DES MISSILES
ET MON ADHÉSION À L'OTAN ?
Y A PAS DES JOURS OÙ IL VOUS AGACE UN PEU, VOUS ?
RAMSTEIN

LE SOUDAN

Une guerre civile opposant les troupes de deux généraux rivaux éclate à Khartoum dans l'indifférence de la communauté internationale.

Le Soir \ 03.05.2023

ENCORE UNE GUERRE !
C'EST OÙ ÇA ?
ON PEUT PAS SUIVRE

LIMITER LES DÉPENSES
TENEZ J'AI PENSÉ À CECI : UN TICKET BOISSON ET UN TICKET REPAS POUR LES INVITÉS, DEUX TICKETS BOISSON POUR LA FAMILLE

Fastes et rituel millénaire, le roi Charles III est couronné à l'abbaye de Westminster le 6 mai.

Le Soir \ 04.05.2023

EST-CE QUE TU VOIS BIEN?

C'ÉTAIT MAGNIFIQUE !

SURTOUT NE JAMAIS TROUVER ÇA RIDICULE
RESTER CONCENTRÉ
CONCENTRÉ

Ciné-Télé-Revue \ 05.2023

MOINS CHER !

CAMILLA N'A PAS TROP MONTRÉ SA JOIE ...
YESSS ENFIN !

ET HARRY N'A PAS CRAQUÉ
BANDE DE VIEUX

CHARLES N'EST PAS TOMBÉ ...
C'EST TROP LOURD TOUS CES TRUCS SUR LE DOS

UNE CINQUANTAINE DE CHEFS D'ÉTAT EN MOLDAVIE
Россия
Украина
Болгария
UNE BOMBE LÀ-DESSUS ET ON FAIT UN STRIKE
[redacted] ARRÊTE C'EST TENTANT

L'Europe est toujours plus unie contre la Russie de Vladimir Poutine.

Le Soir \ 02.06.2023

ZELENSKY VA AU G7 À HIROSHIMA, PRÉSIDENT
IL VEUT VOIR À QUOI SON PAYS VA RESSEMBLER?

NOVA KAKHOVKA
SALE COUP DES RUSSES, ÇA!
VA SAVOIR
ILS DISENT QUE C'EST LES UKRAINIENS QUI ONT FAIT ÇA
IL Y A TELLEMENT DE DÉSINFORMATIONS

Le barrage de Kakhovka a été détruit, provoquant un désastre humain et environnemental. Tout semble accuser la Russie.

Le Soir \ 07.06.2023

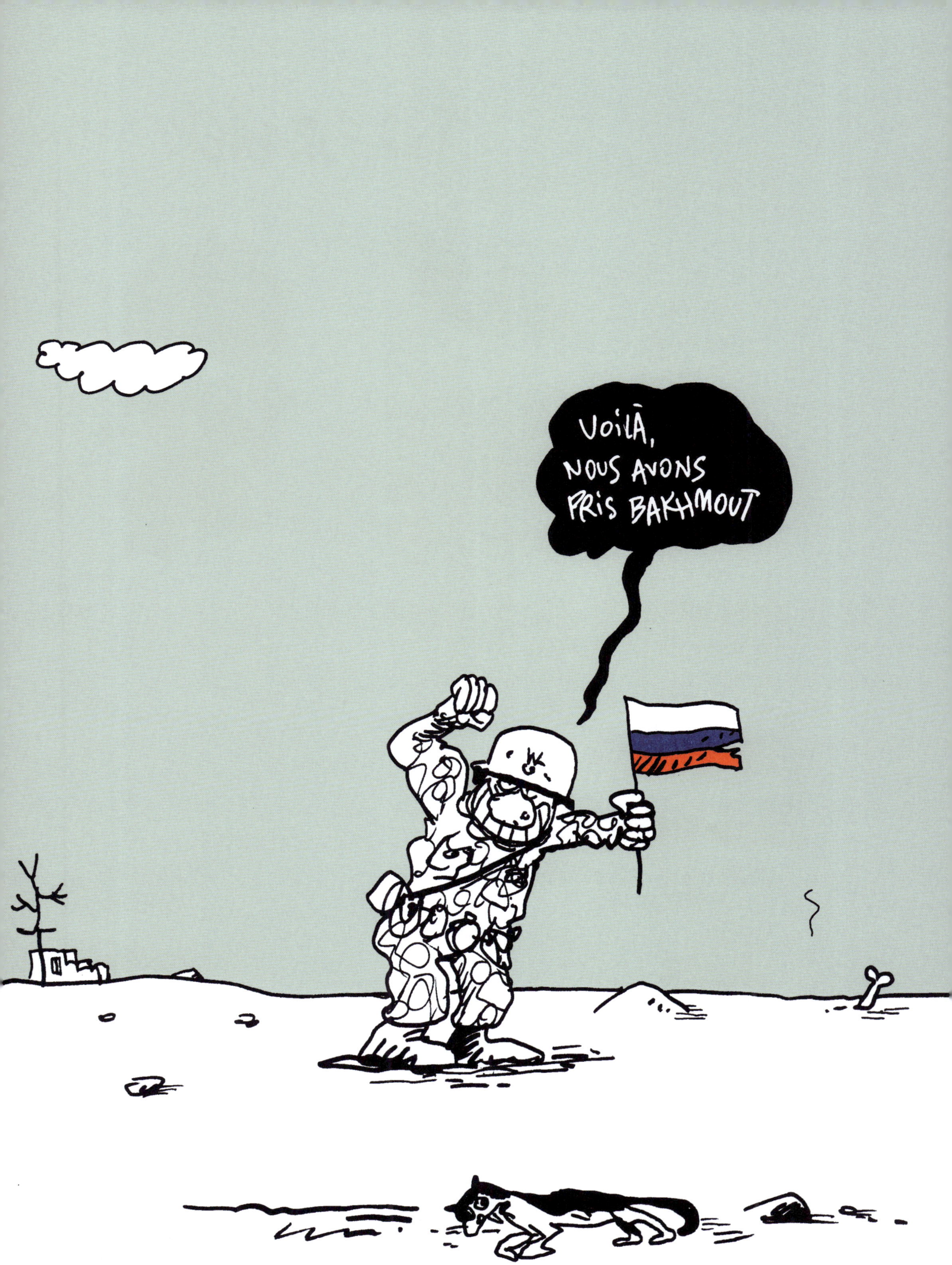
VOILÀ, NOUS AVONS PRIS BAKHMOUT

Le Soir \ 22.05.2023

TINA FOR EVER
UNE SEMAINE QU'ELLE EST LÀ...
J'AI PAS FERMÉ L'OEIL

L'inusable Tina Turner meurt à 84 ans.

Ciné-Télé-Revue \ 06.2023

JOHNNY DEPP
JE VOUS EM...
MICHAEL DOUGLAS, HARRISON FORD, ROBERT DE NIRO
J'AI VU TOUS VOS FILMS
CARLA BRUNI
ELLE VA ME MANQUER EN PRISON
CATHERINE DENEUVE
ET LES AUTRES
Kroll

Une pléiade de stars au Festival de Cannes 2023.

Ciné-Télé-Revue \ 05.2023

VOUS VENEZ VOUS CONFESSER POUR LES DÉPENSES DU PARLEMENT WALLON ? C'EST BIEN, MON FILS
NON, JE N'Y SUIS POUR RIEN
JE VIENS VOUS PARLER LGBTQIA+, SAINT PÈRE
JE NE VOIS PAS CE QUE C'EST

Elio Di Rupo rend visite au pape François. La découverte du prix d'achat de mobilier par le Parlement wallon relance le scandale de ses dépenses injustifiables.

Le Soir \ 26.05.2023

OPÉRER UN PAPE C'EST PAS RIEN

Le souverain pontife est opéré en urgence d'une hernie abdominale.

Le Soir \ 08.06.2023

NE SOMBRONS PAS DANS LES CARICATURES À PROPOS DE LA WALLONIE
ÇA, C'EST BIEN DIT
SOLDE
18 000
17.999
Confortable
100%
18.000€

Le Soir \ 01.06.2023

EN IRAN

En Iran, la répression s'accentue
sur les femmes non voilées.

Le Soir \ 12.04.2023

DONC VOUS L'AVEZ ÉCHANGÉ CONTRE UN TERRORISTE ?
IL FALLAIT FAIRE QUOI ?
DIS-LE !
N-VA
Kroll

Après 455 jours de détention en Iran,
Olivier Vandecasteele est libéré
le 26 mai en échange d'Assadollah Assadi,
un agent iranien condamné à 20 ans
de prison en Belgique pour terrorisme.

Le Soir \ 27.05.2023

L'IRANIEN VALAIT DONC 4 OTAGES !
VOUS DIREZ À LA BELGIQUE QUE LES BONS COMPTES FONT LES BONS AMIS
JE NE SUIS PAS SÛR QU'ILS APPRÉCIERONT L'EXPRESSION MAIS...
OTAGES
OMAN

Trois autres otages d'États européens faisaient partie du deal. Ils sont libérés quelques jours après, avec l'aide, à nouveau, du sultanat d'Oman.

Le Soir \ 03.06.2023

ALLEZ ...
ENCORE 5 ANS !
KILICDAROGLU
ERDOGAN LE MAGNIFIQUE

Le président Erdogan, au pouvoir depuis 2003, est réélu à la tête de la Turquie avec 52 % des voix.

Le Soir \ 30.05.2023

TRUMP INCULPÉ
ET BIDEN QUI MET LE FEU AU CANADA POUR ESSAYER DE M'ATTEINDRE
JUSQU'OÙ IRONT-ILS?

Le Soir \ 10.06.2023

C'EST QUOI?
ENCORE DES DOCUMENTS TOP SECRET!
TOP SECRET

PRESIDENT, JE VOUS SUIVRAI PARTOUT
VOUS AVEZ PRIS COMBIEN?
420 ANS
MAIS APRÈS, JE ME REPRÉSENTE!

L'affaire des documents top secret retrouvés au domicile de Donald Trump en fait le premier président américain inculpé par la justice fédérale.

Le Soir \ 15.06.2023

L'IMMORTEL EST MORT

L'ancien Premier ministre italien, Silvio Berlusconi, meurt à 86 ans. Figure majeure de la droite italienne, habitué des affaires, entre autres de mœurs, c'était un homme politique controversé.

Le Soir \ 13.06.2023

QUAND JE L'AI CONNU J'ÉTAIS ENCORE MINEURE
MOI AUSSI
Kroll

BORIS JOHNSON S'EN VA

Ancien Premier ministre britannique, l'ineffable Boris Johnson démissionne de son mandat de député avant, sans doute, d'y être contraint par un rapport accablant sur ses mensonges.

Le Soir \ 12.06.2023

BRAVO

REPRENDS : C'EST TROP DRÔLE ! SMET ? C'EST QUI ÇA ? LA MEUF-MINISTRE, C'EST POUR QUAND ?
SI LE ROI ABDIQUE, DIS-NOUS VITE !

Pascal Smet, secrétaire d'État bruxellois à l'urbanisme, avait appuyé la demande de visa du maire de Téhéran pour un sommet d'urbanisme à Bruxelles. Critiqué, acculé, il démissionne de ses fonctions le 18 juin.

Le Soir \ 19.06.2023

CE MAIRE DE TÉHÉRAN SI ENCOMBRANT
ON POURRAIT LE MARCHANDER CONTRE QUELQUES OTAGES MAINTENANT
VOIRE MÊME LEUR DONNER PASCAL SMET
C'EST POUR RIRE, PASCAL

DE CROO A DIT "NON, PAS HADJA"
MERCI VIVALDI

La ministre des Affaires étrangères, Hadja Lahbib, est sous le feu des critiques pour avoir accordé ce visa et ceux d'une délégation entière venue d'Iran.

Le Soir \ 20.06.2023

La ministre est soutenue par le Premier ministre mais l'opposition veut sa démission et les sept partis qui forment le gouvernement Vivaldi sont très divisés.

Le Soir \ 21.06.2023

ELLE N'A PAS VOULU NOUS HUMILIER
CETTE FILLE-LÀ EST TRÈS BIEN ÉLEVÉE
Hadja Lahbib s'explique

Hadja Lahbib se justifie et parle de « realpolitik ». « Il ne fallait pas humilier les autorités iraniennes », a-t-elle dit.

Le Soir \ 22.06.2023

UNE FEMME À LA TÊTE DE L'UNION BELGE DE FOOTBALL
DÉJÀ QU'ON PEUT PLUS ÊTRE RACISTE...
ni HOMOPHOBE!
LE MONDE CHANGE TROP VITE
JUPITER
Les hommes savaient pourquoi
Knol

Le conseil d'administration de l'Union belge de football nomme Pascale Van Damme présidente.

Le Soir \ 23.05.2023

LES BEATLES DE RETOUR GRÂCE À L'IA
LA VOIX DE JOHN EST INCROYABLE
POUR LES PAROLES Y A UN BUG
Tombe la neige
tu ne viendras pas
THE BEATLES

Nouvelle surprise, Paul McCartney annonce qu'en ayant recours à l'intelligence artificielle les Beatles ont réussi à ressusciter John Lennon pour un morceau qu'il avait sommairement enregistré.

Le Soir \ 14.06.2023

ENFIN l'été

MAIS OÙ EST PASSÉ PRIGOJINE?
IL A CERTAINEMENT OBTENU UN VISA POUR LA BELGIQUE
C'EST SI FACILE

Le Soir \ 26.06.2023

PRIGOJINE SERAIT À SAINT-PETERSBOURG?
LÀ?
MAIS ICI?
LÀ?
OU LÀ?
C'EST LUI?
LUI?

Le groupe paramilitaire Wagner et son leader, Evgueni Prigojine, semblent s'être retournés contre Poutine. Prigojine a lancé ses troupes sur Moscou. Elles ont fait demi-tour à Rostov et il a disparu.

Le Soir \ 07.07.2023

LES EXPERTS RUSSES SONT FORMELS
C'EST BIEN PRIGOJINE
C'EST BIEN PRIGOJINE
VICTIME DE CE MALENCONTREUX ACCIDENT
ACCIDENT
C'EST BIEN UN ACCIDENT
MALENCONTREUX

Evgueni Prigojine est mort dans un crash aérien. Le Kremlin assure qu'il s'agit d'un accident. Tout le monde en doute fort…

Le Soir \ 28.08.2023

DÉSOLÉ, ON N'A PAS QUE ÇA À FAIRE...
ON CHERCHE 5 RICHES DANS UN TOUT PETIT SOUS-MARIN
VOUS LES AVEZ PAS VUS?
LA BOUÉE S

Ciné-Télé-Revue \ 06.2023

MAINTENANT DEUX ÉPAVES À VISITER!

SUPER
TITANIC

Un petit sous-marin « touristique » parti visiter l'épave du Titanic à 3800 mètres de profondeur a disparu avec cinq personnes à son bord. La sécurité de l'engin, le prix exorbitant de l'expédition, l'ampleur des moyens mis pour le chercher, le principe même de ce genre de curiosité… tout fait débat.

Le Soir \ 24.06.2023

AU FAIT, MONSIEUR MACRON, MA VISITE EN FRANCE ?
HEU
ON VA ENCORE ATTENDRE UN PEU, SIRE

Les manifestations, souvent violentes, se multiplient dans toute la France après la mort d'un adolescent, Nahel, causée par le tir à bout portant d'un policier lors d'un contrôle routier. Le nombre de victimes de la police ne cesse d'augmenter en France.

Le Soir \ 03.07.2023

FRANCE : ET DEMAIN ?
IL COURAIT AVEC UNE ESPÈCE D'ARME À FEU
C'EST MALIN !
C'ÉTAIT LA FLAMME OLYMPIQUE
POLICE
POLICE

À Paris, à un an des Jeux olympiques, on s'inquiète déjà.

Le Soir \ 29.06.2023

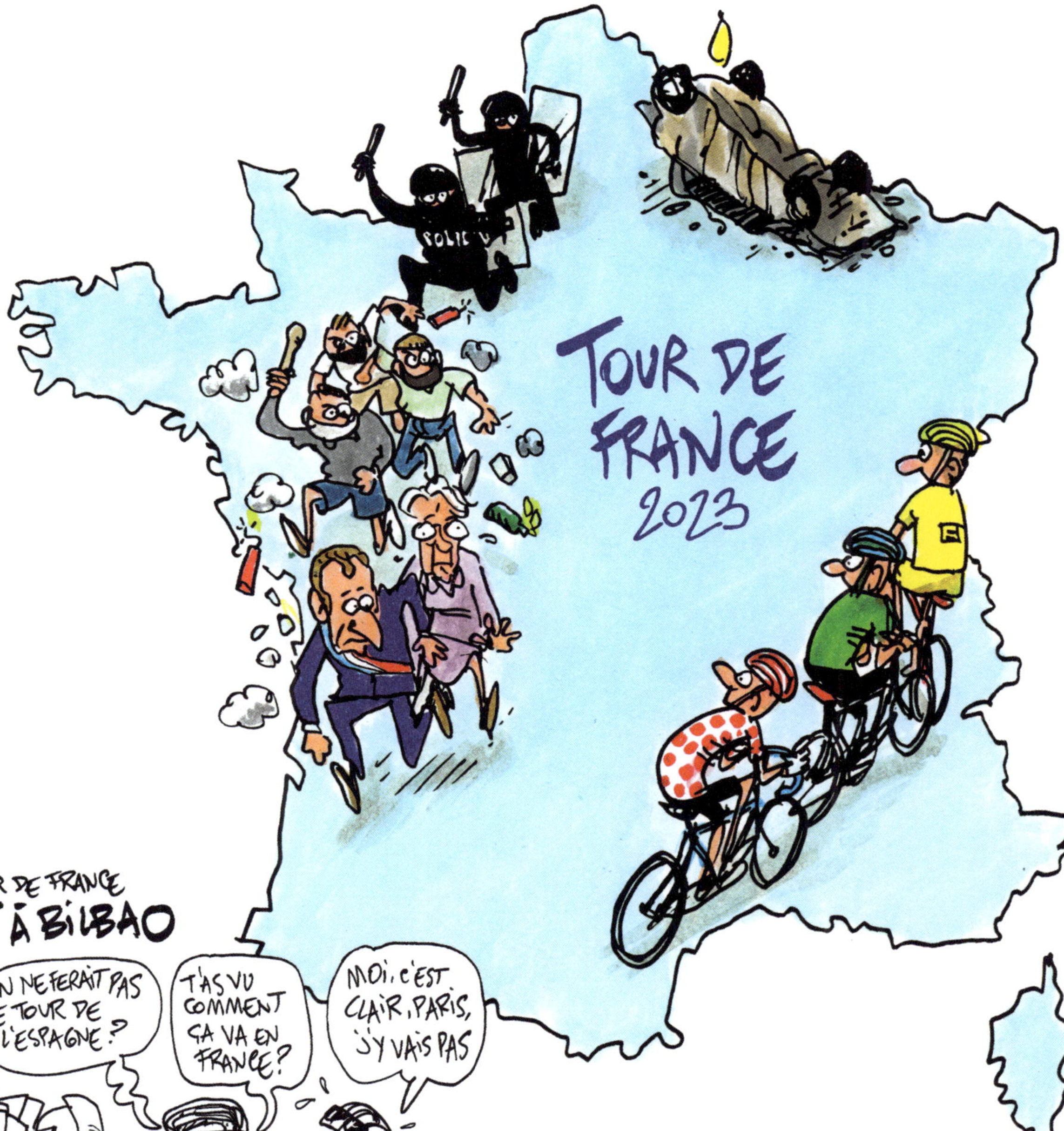
TOUR DE FRANCE
2023

TOUR DE FRANCE
DÉPART À BILBAO
ON NE FERAIT PAS LE TOUR DE L'ESPAGNE ?
T'AS VU COMMENT ÇA VA EN FRANCE ?
MOI, C'EST CLAIR, PARIS, J'Y VAIS PAS

VINGEGAARD
POGAČAR

Le Tour de France part de Bilbao le 1er juillet. De bout en bout, ce sera un duel serré entre le Slovène Pogačar et le Danois Vingegaard qui l'emportera.

Le Soir \ 18.07.2023

14 JUILLET
MACRON REÇOIT AVEC LES HONNEURS LE PREMIER MINISTRE INDIEN

21 JUILLET
PEUT-ÊTRE QU'HADJA LAHBIB VA NOUS INVITER EN BELGIQUE
AU DÉFILÉ ! AVEC LE ROI

Ciné-Télé-Revue \ 07.2023

PAS DE BAVURES AUJOURD'HUI, LES GARS
OUI CHEF
14 JUILLET

PHILIPPE, 10 ANS DE RÈGNE DÉJÀ
LES BELGES LUI DONNENT 6/10
PAOLA, EST-CE QUE JE NE FAISAIS PAS MIEUX ?
ON S'EN F..., ALBERT

ET PENDANT CE TEMPS-LÀ... DEPUIS PLUS DE 15 JOURS...
REPRENONS : QUESTION 217. QUI RÉPOND OUI ?
JE N'EN PEUX PLUS
DU CALME MADAME DU CALME
JE VEUX SORTIR

Le Soir \ 24.07.2023

ON SE REVOIT TOUS EN SEPTEMBRE
BRAVO. BONNES VACANCES
DONC J'AI TUÉ 35 PERSONNES EN ÉTANT EN PRISON ?
C'EST ÇA
7 MOIS DE PROCÈS
20 JOURS EN PRISON
ÇA CRÉE DES LIENS
VOUS ALLEZ OÙ ?
ON S'ENVOIE DES PHOTOS
BONJOUR À VOS ENFANTS
VOUS ALLEZ ME MANQUER

Procès des attentats de Bruxelles : après plus de deux semaines de délibération dans un lieu tenu secret, six accusés, dont Salah Abdeslam, sont reconnus coupables d'assassinats terroristes.

Le Soir \ 26.07.2023

JOE BIDEN À LONDRES

Les îles de Rhodes, Corfou et bientôt tous les pays du sud de l'Europe sont ravagés par des incendies épouvantables.

Le Soir \ 27.07.2023

Le Soir \ 23.08.2023

La Grèce connaît des températures extrêmes. Tous les jours, des records sont battus.

Le Soir \ 19.07.2023

PENDEZ-EN QUELQUES-UNS !
J'AI ENCORE BESOIN D'UNE OU DEUX RÉFORMES POUR POUVOIR LE FAIRE
DEMOCRACY
NO PASARA

DÉMOCRATIE

Annoncé début janvier, le projet de réforme de la justice en Israël, qui vise à donner plus de pouvoir aux élus et moins aux magistrats, est massivement contesté. Des milliers d'Israéliens entendent défendre la démocratie et manifestent contre le gouvernement Netanyahou et sa coalition d'extrême droite. Une des mesures-clés de la réforme est votée le 24 juillet. Les manifestations redoublent.

Le Soir \ 25.07.2023

LA FRANCE CASSE-TOI
À BAS LA FRANCE
VIVE LA RUSSIE

Coup d'État au Niger, les militaires au pouvoir s'en prennent à la France sur fond de propagande russe.

Le Soir \ 02.08.2023

FOIRE DE LIBRAMONT

VENEZ LES ENFANTS, MAINTENANT ON VA VOIR LES COCHONS...
DEPARDIEU!
#metoo

Les accusations de viols et d'agressions sexuelles contre Gérard Depardieu s'additionnent.

Ciné-Télé-Revue \ 08.2023

ELLES SONT BELLES CETTE ANNÉE
JE SUIS VEGAN, MONSIEUR

Le Soir \ 27.07.2023

Le train reste trop souvent plus cher que l'avion et certaines destinations sont mal desservies. Ça doit changer.

Le Soir \ 31.07.2023

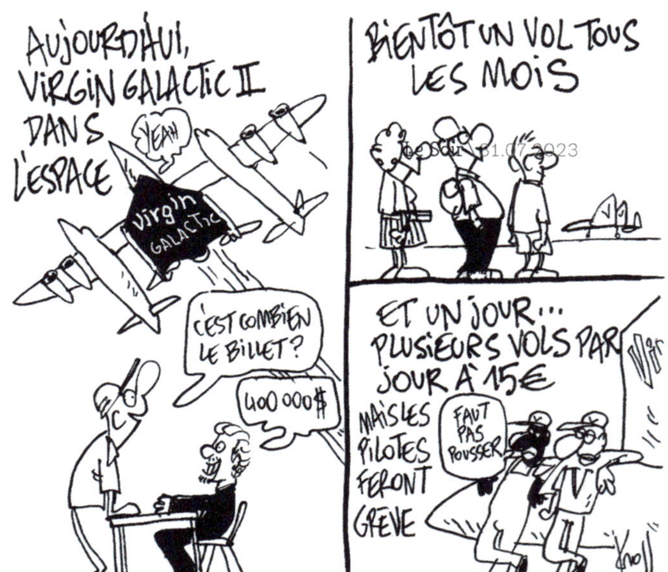

Pendant ce temps, la compagnie Virgin Galactic, du milliardaire Richard Branson, emmène dans l'espace ses premiers touristes fortunés et promet de plus en plus de ces vols «very not low cost».

Le Soir \ 10.08.2023

Presque tous les gros week-ends de cet été, les pilotes sous-payés de Ryanair sont en grève à Charleroi.

Le Soir \ 12.08.2023

JANE AU PARADIS
JE PRÉVIENS MONSIEUR GAINSBOURG ?
IL N'EST PAS CHEZ NOUS, LUI !

Jane Birkin meurt
le 16 juillet à Paris.

Le Soir \ 17.07.2023

Les trois enfants d'Alain Delon portent plainte contre la compagne de leur père pour harcèlement moral et séquestration.

Ciné-Télé-Revue \ 07.2023

ET PAUVRE ALAIN DELON S'IL EST VRAI
NON, MONSIEUR DELON N'EST PAS LÀ
FILE DANS TA CHAMBRE, TOI

LINE RENAUD A FÊTÉ SES 95 ANS
JE CROIS QUE JE VAIS..
ARRÊTER MA CARRIÈRE

ADIEU MADAME DE FONTENAY
POUR MOI, GENEVIÈVE, LA SEULE VRAIE MISS FRANCE, ÇA A TOUJOURS ÉTÉ VOUS
C'EST QUI ?

Geneviève de Fontenay meurt
le 1er août à Saint-Cloud.

Ciné-Télé-Revue \ 08.2023

BON ANNIVERSAIRE
AUJOURD'HUI MICK JAGGER A LE MÊME ÂGE QUE JOE BIDEN
80

Quelques octogénaires du rock et de la chanson se portent bien.

Inédits \ 07.2023

MICHEL POLNAREFF À BRUXELLES
30 JUIN 2023

LE PAPE AUX JMJ À LISBONNE
SAINT PÈRE, VOUS FAITES MIEUX QUE TOMORROWLAND
C'EST QUI ?

Plus d'un million de jeunes ont accueilli le pape François aux Journées mondiales de la jeunesse au Portugal.

Le Soir \ 04.08.2023

VOUS RENTREZ À BRUXELLES APRÈS LE CONCERT? SUPER D'AILLEURS!
SUPER!

Alors que la dernière journée du festival des Ardentes à Liège avait été annulée inutilement par crainte d'orages, le festival de Ronquières en connaît d'énormes.

Le Soir \ 07.08.2023

LA
Barbie
MANIA
CINÉMA
Margot Robbie
Ryan Gosling
Barbie
VOUS POUVEZ ME FAIRE ÇA?
HEU.. OUI
PAPA? MAMAN?
?

Boycotté au Liban, au Vietnam, en Algérie, adulé en Arabie saoudite autant qu'en Chine, le film *Barbie*, jugé par les uns stupide, par les autres engagé, connaît un succès fou dans le monde entier avec plus d'un milliard de dollars de recettes moins d'un mois après sa sortie.

Ciné-Télé-Revue \ 08.2023

160 000 ACTEURS EN GRÈVE
HOLLYWOOD
ACTION
STRIKE
REAL

À la mi-juillet, craignant pour leur avenir à cause de l'intelligence artificielle, les acteurs ont rejoint les scénaristes dans une grève comme Hollywood n'en avait plus connu depuis 1960.

Le Soir \ 15.07.2023

LOTTE KOPECKY CHAMPIONNE DU MONDE
JE VAIS L'INVITER AU PALAIS
JE VAIS ME REMETTRE AU VÉLO

La Belge Lotte Kopecky remporte trois médailles d'or aux championnats du monde de cyclisme dont la course la plus cotée, la course en ligne.

Le Soir \ 14.08.2023

FINALE DE LA COUPE DU MONDE DE FOOT
TU TIENS AVEC QUI ?
LES ANGLAISES
MOI AUSSI
MOI, LES ESPAGNOLES
MOI LES ANGLAISES
MOI AUSSI

BIENVENUE EN ARABIE SAOUDITE, M'SIEUR RONALDO. 200 MILLIONS DE $ PAR AN, ÇA VOUS VA ?
J'VEUX UN AVION
BIEN SÛR
DEUX SI VOUS VOULEZ
BIENVENUE À DJEDDAH, M'SIEUR BENZEMA. BON CHOIX
SALAIRE : 200 MILLIONS PAR SAISON ÇA IRAIT ?
C'EST TOUT ?
M'SIEUR NEYMAR, ENFIN !
ON A PAYÉ PARIS
ATTENDEZ...
J'VEUX LA JOCONDE DANS MON SALON
ÇA PEUT S'ARRANGER
SI ON LES ACHETAIT PAR DIX, ON AURAIT P'T'ÊTRE UNE RISTOURNE
QU'EST-CE QUE T'ES RADIN, TOI !
IL FAUDRAIT QU'ON SE METTE À ACHETER DES FEMMES
C'EST L'AVENIR, LE FOOT FÉMININ
ET ÇA COÛTE RIEN ! MÊME CHEZ EUX C'EST PAS PAYÉ COMME UN HOMME

ET À LA FIN C'EST L'ESPAGNE QUI GAGNE
OLE
BRAVO LES FILLES

L'Espagne remporte la finale de la Coupe du monde de football féminin.

Inédit \ 20.08.2023

PALAIS DE JUSTICE
JUSTITIE PALEIS
open
10:30 12:00

Les travaux de restauration du palais de justice de Bruxelles, entamés il y a 40 ans, vont reprendre. Les travaux de rénovation du viaduc de Vilvorde sur le ring de Bruxelles sont annoncés comme devant durer un minimum de huit années.

Le Soir \ 17.08.2023

TU PARIES EN BELGIQUE?
SUR QUOI? LE FOOT, JE COMPRENDS RIEN
LEURS TRAVAUX...
QU'EST-CE QUI SERA FINI EN PREMIER?
LA GARE DE MONS
LE TRAM À LIÈGE
LE PALAIS DE JUSTICE DE BRUXELLES
LE VIADUC DE VILVORDE

C'EST EN TRAVAUX?
PAS DU TOUT ...
LES ECHAFAUDAGES SONT CLASSES MONUMENT HISTORIQUE
VISIT BXL
SOUVENIRS

2024 ?
C'EST VRAI QUE VOUS AVEZ ÉTÉ PRÉSIDENT PENDANT 4 ANS AVANT D'EN AVOIR 561 À FAIRE ICI ?
AVERELL, ARRÊTE D'EMBÊTER LE MONSIEUR
Kroll + Morris

Donald Trump est inculpé pour la 4e fois. Cette fois pour avoir tenté d'inverser le résultat des élections dans l'État de Géorgie.

Le Soir \ 16.08.2023

DES COURSES POUR LA RENTRÉE
RENTREE
F16
Kroll

Le Soir \ 21.08.2023

BIENTÔT UNE FEMME ?

LE NOUVEL ARCHEVÊQUE ARRIVE
JAMAIS VU SI JEUNE !

Le 3 septembre, monseigneur Luc Terlinden est ordonné archevêque de Malines-Bruxelles, devenant donc le nouveau primat de Belgique. Il a seulement 54 ans !

Le Soir \ 02.09.2023

« La lucidité est
la blessure la plus
rapprochée du soleil. »

René Char

Pierre Kroll
Le vrai du fou
Petits dessins 2023

Édition
Ariane Coquelet

Conception graphique
Aplanos

Photogravure
Image Press Édition

Correction
Ariane Le Fort

Impression
Imprimerie Delabie, Mouscron

ISBN 979-10-375-1020-4
Dépôt légal octobre 2023

ÉDITIONS DES ARÈNES
17-19, rue Visconti
75006 Paris
Tél. : 01 42 17 47 80
arenes@arenes.fr

Achevé d'imprimer sur les presses
de l'imprimerie Delabie (Mouscron, Belgique)
en septembre 2023.

Un grand merci à Bruno Coppens
pour le titre de cet album !

à suivre...